Bibliografische Information der Deutschen Nationalbibliothek:

Die Deutsche Bibliothek verzeichnet diese Publikation in der Deutschen Nationalbibliografie; detaillierte bibliografische Daten sind im Internet über http://dnb.d-nb.de/ abrufbar.

Impressum:

Druck und Bindung: Books on Demand GmbH, Norderstedt Germany
ISBN: 9783668295292

Dieses Buch bei GRIN:

http://www.grin.com/de/e-book/339547/management-von-leistungssportlern

Markus Leßmann

Management von Leistungssportlern

Jeder Spieler hat den Berater den er verdient

GRIN Verlag

Fachhochschule für Angewandtes Management

Fachbereich Sportmanagement

Sommersemester 2011

Seminar: Fallstudienseminar III

Studienarbeit

Management von Leistungssportlern

Thema

Jeder Spieler hat den Berater den er verdient

7. Semester

Tag der Einreichung

20.08.2011

Inhaltsverzeichnis

Einführung

„Jeder Spieler hat den Berater, den er verdient". Durch die immer zunehmende Kommerzialisierung des Sports steigen auch der Bedarf, sowie das Angebot seriöser wie unseriöser Beratung von Berufssportlern. Die Karriere eines Leistungssportlers ist nur zeitlich begrenzt. Dies bedeutet, dass er neben seiner sportlichen Leistungen sich auch um andere, meist wirtschaftliche Aspekte sorgen muss. Ein Sportler sollte beispielsweise sich um seine Medienpräsenz kümmern, sich für seine Sponsoren einsetzen, auf sein Image achten, Verträge abschließen und sich in finanziellen wie auch steuerlichen Angelegenheiten auskennen. Meist sind Leistungssportler junge Menschen, welche über geringe Geschäftserfahrung verfügen und somit eher professionelle Unterstützung und Beratung benötigen. Die Aufgaben eines seriösen Beraters sind wiederum sehr vielfältig und stark von der persönlichen Beziehung zu dem Sportler abhängig. In der Tat kann ein Spielerberater Rechtsbeistand, Arbeitsvermittler, Vermögensberater, Versicherungsagent, Dolmetscher, Lebensberater, bester Freund, Taufpate der Kinder und allzeitiger Chauffeur in einer Person sein.[1] Die Arbeit eines Spielerberaters beschränkt sich demnach nicht nur auf die reine Vermittlungstätigkeit, sondern betrifft auch Verhandlungen hinsichtlich des abzuschließenden Vertrags mit dem Verein oder mit einem Sponsor. Weiterhin ist ein Spielerberater/-Manager auch für organisatorische Aufgaben zuständig und berät seinen Klienten vom Medienauftritt bis hin zu finanziellen und steuerlichen Angelegenheiten. In der Praxis jedoch verstoßen solche Management- oder Beraterverträge häufig gegen spezialgesetzliche Bestimmungen, da wenige Sportlervertreter über die Zulassung als Rechtsanwalt verfügen. Ein nicht als Rechtsanwalt zugelassener Sportlerberater begibt sich auf dünnem Eis, wenn er nicht nur Verträge vermittelt, sondern auch deren Inhalt für seinen Klienten aushandelt. Angesichts dessen befasst sich folgende Seminararbeit mit den nationalen gesetzlichen Bestimmungen für Berater, welche in diesem Umfeld beachtet werden müssen. Es wird außerdem ein kurzer Einblick auf internationaler Ebene gegeben. Ausgehend von den rechtlichen Bestimmungen für Spielerberater werden Lösungsmöglichkeiten aufgezeigt, wie das Verhältnis zwischen dem Sportler und seinem Berater praxistauglich gestaltet werden könnte.

---

[1] Vgl. Anwaltsblatt, Nachrichten für die Mitglieder des Deutschen Anwaltsvereins e.V. (Hrsg) (2000), Rechtliche Grenzen von Beratertätigkeiten im Sport, I. Einführung. (Verf: Dr. Buchberger, Markus). (Quelle: Fachhochschule für angewandtes Management, Kurs: Fallstudienseminar III, LE IV Der Sportler und sein Manager). [Abruf SS2011].

1 Rechtliche Rahmenbedingungen

Neben der reinen Spielervermittlung gehören zu den wesentlichen Aufgaben von Sportlerberatern das Aushandeln und die Beratung beim Abschluss von Arbeits-, Sponsoren- und Wettkampfverträgen. Die Tätigkeit der Vermittlung ist rechtlich gesehen ein Maklervertrag. Die zu erbringende Leistung besteht darin, den Kontakt zwischen Verein und Sportler zu verschaffen und zu einem möglichen Vertragsabschluss zwischen beiden zu führen. Außer wenn anderes vereinbart wurde, erhalten Spielervermittler ihre Provision nur bei Vertragsabschluss zwischen den oben genannten Parteien. Neben dem Maklerrecht treten weitere Gesetze in Kraft, da es sich bei der aufgeführten Tätigkeit inhaltlich auch um Arbeitsvermittlung handelt. Wie bereits erwähnt, verstoßen in der Praxis Beraterverträge oft gegen spezialgesetzliche Bestimmungen, wie dem Rechtsberatungsgesetz, dem Steuerberatungsgesetz, dem Gesetz gegen unlauteren Wettbewerb (UWG) und gegen allgemeine Grundsätze zu sittenwidrigen Verträgen (Knebelverträge).[2]

1.1 Spielervermittlung

Seit März 2002 dürfen private Arbeitsvermittler ohne bisher erforderliche Erlaubnis durch die Bundesanstalt für Arbeit tätig werden, wobei sie Bestimmungen der §§ 296 bis 298 Sozialgesetzbuch III über die Art und Weise der Vermittlung beachten müssen.[3] Demnach ist ein Vermittlungsvertrag nur wirksam, wenn er schriftlich vereinbart wird und die Vermittlungsprovision die im Gesetz festgelegte Obergrenze nicht überschreitet. Die Höhe der Provision ist auf 14% (inkl. MwSt.) begrenzt und darf maximal von einem Jahresgehalt des Sportlers berechnet werden.[4] Weiterhin verbietet § 297 Ziffer 4 SGB III Vertragsklauseln, die einen Spieler exklusiv an einen Vermittler binden.

Einige Sportverbände, wie die FIFA, haben in ihren Verbandsstatuten geregelt, dass nur durch den jeweiligen Sportverband lizenzierte Spielervermittler tätig sein dürfen (sogenannte Vermittlerlizenz). Somit ist nur diesen gestattet mit den Vereinen in Kontakt zu treten und Spieler anzubieten. Nicht lizenzierte Spielervermittler werden von Verhandlungen

---

[2] Vgl. Rechtsanwalt Scheilzl Bernhard: (Was dürfen Spielervermittler und Sportmanager? Rechtliche Rahmenbedingungen für Berater, Vermittler und Manager Profiathleten in Deutschland.) Rundschreiben Deutscher Sportbund 9/2003 (Hrsg.) S.1. (Quelle: Fachhochschule für angewandtes Management, Kurs: Fallstudienseminar III, LE IV Der Sportler und sein Manager). [Abruf SS2011].

[3] Ebd.

[4] Ebd.

ausgeschlossen.[5] Im Gegensatz dazu stellt Der Deutsche Fußball Bund Vertragsmuster zur Verfügung, welche kaum noch rechtlichen Gestaltungsspielraum erlauben und lediglich Verhandlungen bei der Festlegung der Vergütung, der Höhe der Vertragsstrafen für Vertragsverstöße und bei der Laufzeit zulassen. [6] Auf diesem Weg könnte ein Sportlervermittler ohne Zulassung als Rechtsanwalt tätig werden. Es sind solche Verträge, die es Eltern, Geschwister oder andere nahe Verwandte erlauben als Spielervermittler tätig zu werden. Dies gilt insbesondere für den Fußballbereich. Wird mit nicht lizenzierten Spielervermittlern zusammengearbeitet, gehen Sportler und Vereine das Risiko einer Verbandsstrafe ein.[7]

Auf europäischer Ebene gesehen, kann ein zugelassener Rechtsanwalt einen Sportler vertreten und mit dem Verein Verhandlungen führen, ohne eine Zulassung oder Lizenzierung durch den jeweiligen Verband nachweisen zu müssen. Im Rahmen seiner Berufsausübungsfreiheit darf demnach ein Rechtsanwalt eine Spielerberatung durchführen. Aufgrund der Gesetze der Europäischen Union sind Regelungen eines Verbandes gegen die Tätigkeit eines Rechtsanwaltes als Spielerberater unrechtens. In Art. 1 Abs. 2 des Spielervermittler-Reglements der FIFA steht ausdrücklich:

> „Den Spielern und Vereinen ist es untersagt, die Dienste eines nicht-lizenzierten Spielervermittlers in Anspruch zu nehmen. Dieses Verbot gilt nicht, wenn [...] der Vermittler eines Spielers oder Vereins gemäß den geltenden Vorschriften des Landes, in welchem er seinen Wohnsitz hat, in zulässiger Weise zur Ausübung des Anwaltsberufes zugelassen ist.“[8]

Auf internationaler Ebene, insbesondere USA und Kanada, gestaltet sich die Tätigkeit als Spielervertreter schwieriger. In den USA beispielsweise, haben viele professionelle Sportorganisationen strenge Auflagen, nach denen nur die von ihnen lizenzierten „Player Agents“ als Sportlervertreter tätig sein dürfen. Solche Lizenzen werden entweder nur

---

[5] Ebd.

[6] Vgl. Anwaltsblatt, Nachrichten für die Mitglieder des Deutschen Anwaltsvereins e.V. (Hrsg) (2000), Rechtliche Grenzen von Beratertätigkeiten im Sport, I. Einführung. (Verf: Dr. Buchberger, Markus). (Quelle: Fachhochschule für angewandtes Management, Kurs: Fallstudienseminar III, LE IV Der Sportler und sein Manager). [Abruf SS2011].

[7] Vgl. Rechtsanwalt Scheilzl Bernhard: (Was dürfen Spielervermittler und Sportmanager? Rechtliche Rahmenbedingungen für Berater, Vermittler und Manager Profiathleten in Deutschland.) Rundschreiben Deutscher Sportbund 9/2003 (Hrsg.) S.1. (Quelle: Fachhochschule für angewandtes Management, Kurs: Fallstudienseminar III, LE IV Der Sportler und sein Manager). [Abruf SS2011].

[8] Ebd.

Rechtsanwälten erteilt oder an den Nachweis besonderer Kenntnisse sowie an das Bestehen einer Haftpflichtversicherung geknüpft.[9]

1.2 Die Anwendbarkeit des Rechtsberatungsgesetzes bei der Sportlerberatung

Das Rechtsberatungsgesetz (RBerG) stammt aus dem Jahre 1935 und soll Rechtssuchende vor ungeeigneten Rechtsberatern schützen. Außerdem soll es den Anwaltstand vor dem Wettbewerb mit Personen schützen, die weder standes- und gebührenrechtlichen noch sonstigen im Interesse der Rechtspflege gesetzten Schranken unterliegen. [10] Das Rechtsberatungsgesetz tritt im Sportberatungsbereich insofern in Kraft, da es sich in diesem Zusammenhang auch um Besorgung fremder Rechtsangelegenheit handelt. Rechtsangelegenheiten sind solche, die entweder der Verwirklichung oder Gestaltung eines Rechts dienen, wobei diese durch die Schaffung oder Veränderung von Vertragsverhältnissen in Kraft treten. Auch der Abschluss von Arbeits-, Sponsoren- und Wettkampfverträgen stellt eine Rechtsangelegenheit dar. [11] Der Arbeit von Sportlerberatern, welche nicht nur Vermittlungstätigkeiten zwischen Vereinen, Sponsoren und Veranstaltern ausüben, sondern auch entsprechende Vertragsverhandlungen führen, steht grundsätzlich dem Tätigkeitsverbot des Art. 1 § 1 Abs. 1 RBerG entgegen. Somit ist die Sportlerberatung bei Vertragsabschlüssen und deren Vorbereitung grundsätzlich allein Rechtsanwälten vorbehalten, da diese gemäß Art. 1 § 3 RBerG nicht von der Erlaubnispflicht betroffen sind.[12]

1.2.1 Verbote in rechtlichen und steuerlichen Belangen

Spielervertreter verstoßen häufig gegen das Rechtsberatungsgesetz, manchmal auch gegen das Steuerberatungsgesetz. In der Praxis wird das Rechtsberatungsgesetz von allen Beteiligten (Vermittler, Vereine und Spielern) ignoriert. Dies kann zu einschneidenden Konsequenzen für den Berater führen. Im § 1 RBerG steht nämlich, dass „die Besorgung fremder Rechtsangelegenheiten einschließlich der Rechtsberatung“ geschäftsmäßig nur von Personen

---

[9] Siehe ebd.
[10] Siehe ebd.
[11] Vgl. Rechtsanwalt Scheilzl Bernhard: (Was dürfen Spielervermittler und Sportmanager? Rechtliche Rahmenbedingungen für Berater, Vermittler und Manager Profiathleten in Deutschland.) Rundschreiben Deutscher Sportbund 9/2003 (Hrsg.) S.1. (Quelle: Fachhochschule für angewandtes Management, Kurs: Fallstudienseminar III, LE IV Der Sportler und sein Manager). [Abruf SS2011].
[12] Vgl. Anwaltsblatt „1. Geschäftsmäßige Besorgung fremder Rechtsangelegenheiten“

betrieben werden darf, denen dazu die Erlaubnis erteilt wurde (Rentenberater, Versicherungsberater, vereidigte Versicherer). [13] Verbotene Rechtsberatung umfasst alle Belange, welche nicht im Art. 1 § 5 RBerG geregelt werden. Es betrifft beispielsweise, die durch einen Berater durchgeführten Vertragsverhandlungen mit dem aktuellen Verein über den Abschluss eines neuen Arbeitsvertrags.[14] Folglich dürfen nur Rechtsanwälte und Notare rechtsberatend tätig sein. Rechtsberatung wird von den Gerichten weit ausgelegt und ist von der Art der Tätigkeit (wirtschaftlicher und/ oder verbundener rechtlicher Art) abhängig. Hierunter fallen die Erstellung und Abänderung von Verträgen, sowie das Verhandeln von Vertragsbedingungen mit Dritten.

Ist die Tätigkeit des Vermittlers nicht auf die reine Vermittlung beschränkt, und diese außerdem Verhandlungen betrifft (Inhalt des Arbeitsvertrages), so liegt ein Verstoß gegen das RBerG. Bei steuerlichen Fragen, verstößt der Vermittler gegen das Steuerberatungsgesetz. Diese Verbote umfassen Spieler-Arbeitsverträge, Sponsorenvereinbarungen und weitere Verträge im Umfeld des Sportlers. Solche Verstöße bilden zum einen eine Ordnungswidrigkeit, die mit einer Geldstrafe von bis zu € 5 000 einhergehen, und zum anderen verstößt die Tätigkeit des Vermittlers gegen ein gesetzliches Verbot (§ 134 BGB), wobei der Vermittler/Beratervertrag unwirksam wird. Unter anderem heißt dies für den Spielervertreter, dass das vereinbarte Honorar oder die Provision von dem Sportler nicht bezahlt werden muss, oder wenn dieser schon bezahlt hat, über einen bereicherungsrechtlichen Anspruch von diesem zurückverlangt werden kann. Je nach Umständen sogar bis zu 30 Jahren rückwirkend. Die verhandelten Verträge zwischen Verein und Sportler oder zwischen Sponsor und Spieler bleiben hingegen wirksam.

Außerdem kann der Spielervertreter jederzeit wegen unlauteren Wettbewerbs gem. § 1 UWG abgemahnt werden und muss die Rechtsanwaltskosten der abmahnenden Seite tragen. Folglich gehen Spielervermittler, die Verhandlungen alleine führen, ein erhebliches Risiko ein mittels einer Unterlassungserklärung von Konkurrenten oder Vereinen auf rechtlichem Wege „ausgeschaltet“ zu werden. Aus den eben erwähnten Gründen ist es für einen Vermittler sinnvoll die Vertragsverhandlung entweder dem Sportler selbst zu überlassen oder aber einen

---

[13] Siehe ebd.

[14] Vgl. Anwaltsblatt, Nachrichten für die Mitglieder des Deutschen Anwaltsvereins e.V. (Hrsg) (2000), Rechtliche Grenzen von Beratertätigkeiten im Sport, aa) Rechtsberatung ohne vorgeschaltete Vermittlungstätigkeit. (Verf: Dr. Buchberger, Markus). (Quelle: Fachhochschule für angewandtes Management, Kurs: Fallstudienseminar III, LE IV Der Sportler und sein Manager). [Abruf SS2011].

Rechtsanwalt hinsichtlich einer Zusammenarbeit einzuschalten. Hierbei verlagert sich die Gefahr einer möglichen Schadensersatzhaftung wegen eventueller Gestaltungsfehler auf den Anwalt, der wiederum berufshaftpflichtversichert ist.[15]

Am Beispiel des Fahrian-Verfahrens[16] wird deutlich, dass selbst die Tätigkeit eines durch einen Verband lizenzierten Spielervermittlers dem Rechtsberatungsgesetz unterliegt. Auch ein lizenzierter Vertreter begeht eine Ordnungswidrigkeit, wenn er Vertragsverhandlungen ohne Anwalt führt, denn die Spielervermittlerlizenz berechtigt nur zur reinen Vermittlung.

1.2.2 Sittenwidrige Verträge

Bei der Ausgestaltung von Verträgen ergeben sich aus den allgemeinen Bestimmungen des Zivilrechts - Verbot sittenwidriger Verträge (§ 138 BGB) - weiterhin Grenzen. In der Praxis finden sich in der Tat häufig Verträge, welche einen Sportler für lange Dauer und exklusiv an einen bestimmten Vermittler binden sollen. Die exklusive Bindung an nur einen Spielervermittler verstößt jedoch bereits gegen § 297 Ziffer 4 SGB III. Eine Exklusivitätsklausel ist nichtig und ist unter Umständen sittenwidrig, wenn die wirtschaftliche Bewegungsfreiheit des Sportlers stark eingeschränkt wird („Knebelverträge").[17] Außerdem kann es vorkommen, dass ein Vertragspartner des Sportlers sich ein unangemessen hohes Honorar versprechen lässt, wobei die Höchstgrenze für Provisionen übertroffen wird. Grundsätzlich jedoch sind Honorare für alle anderen Dienstleistungen eines Vermittlers frei vereinbar. Bestimmte Vertragsgestaltungen können den Vertrag juristisch angreifbar machen. Die Vermutungsregel § 139 BGB ermöglicht es, hinsichtlich bestimmter Klauseln (wie zu

---

[15] Vgl. Rechtsanwalt Scheilzl Bernhard: (Was dürfen Spielervermittler und Sportmanager? Rechtliche Rahmenbedingungen für Berater, Vermittler und Manager Profiathleten in Deutschland.) Rundschreiben Deutscher Sportbund 9/2003 (Hrsg.). (Quelle: Fachhochschule für angewandtes Management, Kurs: Fallstudienseminar III, LE IV Der Sportler und sein Manager). [Abruf SS2011].

[16] 1996 wurde vom Kölner Anwaltverein ein Rechtsverfahren gegen Wolfgang Fahrian, einen der Marktführer der im Fußball tätigen und durch die FIFA lizenzierten Spielervermittler, eingeleitet. Laut der Anwaltschaft hatte Fahrian bei vorgenommenen Rechtsberatungen (Vertretung von Fußballspielern bei Vertragsverhandlungen) gegen das Rechtsberatungsgesetz verstoßen. Um eine rechtliche Entscheidung gegen bestimmte Tätigkeiten von Spielervertreter zu vermeiden und somit die Geschäftsgrundlage deutscher Spielervermittler nicht zu gefährden, schloss Fahrian vor Gericht einen Vergleich mit dem Kölner Anwaltverein. Er gab eine „freiwillige" Unterlassungserklärung ab, Lizenzfußballer gegenüber Fußballvereinen in Verhandlungen rechtsgeschäftlich nicht mehr zu vertreten. [Quelle: Anwaltsblatt, II. Das Fahrian-Verfahren aus dem Jahre 1996].

[17] Vgl. Rechtsanwalt Scheilzl Bernhard: (Was dürfen Spielervermittler und Sportmanager? Rechtliche Rahmenbedingungen für Berater, Vermittler und Manager Profiathleten in Deutschland.) Rundschreiben Deutscher Sportbund 9/2003 (Hrsg.). (Quelle: Fachhochschule für angewandtes Management, Kurs: Fallstudienseminar III, LE IV Der Sportler und sein Manager). [Abruf SS2011].

Exklusivität oder Provisionshöhe), zur Nichtigkeit des gesamten Beratervertrages zu führen. Bereits erbrachte Leistungen müssten rückabgewickelt werden.

2 Zwischenschaltung von Rechtsanwälten

Sportlerberater, die nicht selbst über eine Anwaltszulassung verfügen, können einen Rechtsanwalt zur Erledigung bestimmter Aufgaben hinzuziehen. Dennoch wird ein Verstoß gegen das Rechtsberatungsgesetz nicht vermieden, indem ein Berater, zur Erfüllung der unter dem Erlaubnisvorbehalt stehenden Tätigkeit, einen Rechtsanwalt einschaltet. Solange der Berater der eigentliche Betreiber und Geschäftsherr der Vertragsverhandlungen bleibt, bewegt er sich weiterhin auf verbotenem Terrain. Soweit seine Tätigkeit gegen dem Rechtsberatungsgesetz verstößt, wird der Berater die Zuschaltung eines nicht von ihm, sondern von dem Klienten auserwählten Rechtsanwalts, nicht umgehen können. Bei möglichen Rechtsfolgen würde deutlich werden, dass der berechtigte Anwalt die Rechtsbesorgung eigenverantwortlich frei von Weisungen des Beraters übernommen hat.[18] Demnach ist es sinnvoll und auch anzuraten einen Rechtsanwalt hinzuziehen, insbesondere für die Vertragsgestaltung und Verhandlungen. Der Spielervermittler sollte bei den Verhandlungen anwesend sein, da er die „Insiderkenntnisse" der jeweiligen Sportart besitzt.
Für den Sportler ergeben sich durch die Einschaltung eines Rechtsanwalts noch weitere Vorteile, denn er darf nur eine Partei vertreten. Tut er dies nicht begeht er einen strafbaren „Parteiverrat".[19] Der Spielervermittler hingegen kann sowohl vom Sportler als auch vom Verein eine Vermittlungsprovision erhalten, wobei die Gefahr des Interessenkonflikts besteht. Außerdem sind Rechtsanwälte durch ihre berufliche Erfahrung strategisch und verhandlungssicher. Gestaltungs- oder Änderungsvorschläge werden bei Verhandlungen mit Partnern von ihm eher akzeptiert als von einem Nichtjuristen. Der größte Vorteil bei der Einschaltung eines Rechtsanwalts besteht darin, dass seine Tätigkeit durch eine Berufshaftpflichtversicherung abgesichert ist. Somit kann jeder Schaden, der durch Fehler bei der Vertragsgestaltung entstanden sind, von dem Anwalt ersetzt werden. Hierbei stellen die

---

[18] Vgl. Anwaltsblatt, Nachrichten für die Mitglieder des Deutschen Anwaltsvereins e.V. (Hrsg) (2000), Rechtliche Grenzen von Beratertätigkeiten im Sport, IV. Zwischenschaltung von Rechtsanwälten. (Verf: Dr. Buchberger, Markus). (Quelle: Fachhochschule für angewandtes Management, Kurs: Fallstudienseminar III, LE IV Der Sportler und sein Manager). [Abruf SS2011].

[19] Vgl. Rechtsanwalt Scheilzl Bernhard: (Was dürfen Spielervermittler und Sportmanager? Rechtliche Rahmenbedingungen für Berater, Vermittler und Manager Profiathleten in Deutschland.) Rundschreiben Deutscher Sportbund 9/2003 (Hrsg.). (Quelle: Fachhochschule für angewandtes Management, Kurs: Fallstudienseminar III, LE IV Der Sportler und sein Manager). [Abruf SS2011].

Gerichte sehr hohe Anforderungen an die Sorgfaltspflichten eines Anwalts. Zu seinen Aufgaben zählen sogar die steuerlichen Auswirkungen des Vertrags zu überprüfen. Weiterhin obliegt dem Rechtsanwalt, im Gegensatz zu einem Spielervermittler, die Verpflichtung zur Verschwiegenheit (berufliche Schweigepflicht). Vertrauliche Vertragsinhalte bleiben geheim, insbesondere hinsichtlich der Medien.[20]

3 Lösungsmöglichkeiten für die Praxis

Nachdem die rechtlichen Rahmenbedingungen für Berater, Vermittler und Manager betrachtet wurden, stellt sich die Frage, warum Profisportler immer noch auf die sogenannten „Schwarzen Schafe“ dieser Branche hereinfallen. Folgend werden einige Lösungsmöglichkeiten dargestellt hinsichtlich der Praxistauglichkeit des Verhältnisses zwischen Sportler und Berater.

3.1 Einbeziehen von Rechtsanwälten für Vertragsverhandlungen

Wie bereits im „Abschnitt 2, Zwischenschalten von Rechtsanwälten“ dargestellt, sollten Spielervermittler (die keine Rechtsanwälte sind) während den Verhandlungen einen Rechtsanwalt bei Seite haben. „Für diesen Job sind kaufmännische, betriebswirtschaftliche und juristische Kenntnisse unabdingbar. [...] Unseriöse Agenten haben unzureichende Kenntnisse der Branche, keine ausreichende Qualifikation und kennen die richtigen Leute nicht“, so Bernhard Schmeilzl, Vorstandsvorsitzender des Berufsverbands der Spielervermittler und Sportmanager e.V.[21] Seriöse Spielervermittler interessieren sich in erster Linie für die Entwicklung des Sportlers. Sie kennen die rechtlichen Rahmenbedingungen und die Grenzen ihrer Tätigkeit als Vermittler.

[20] Vgl. Rechtsanwalt Scheilzl Bernhard: (Was dürfen Spielervermittler und Sportmanager? Rechtliche Rahmenbedingungen für Berater, Vermittler und Manager Profiathleten in Deutschland.) Rundschreiben Deutscher Sportbund 9/2003 (Hrsg.). (Quelle: Fachhochschule für angewandtes Management, Kurs: Fallstudienseminar III, LE IV Der Sportler und sein Manager). [Abruf SS2011].

[21] Zeit-online (Hrsg) (2011). Strippenzieher für Sportlerkarrieren. (Verf. Markus Schleufe), Onlin: [http://www.zeit.de/karriere/beruf/2011-05/beruf-spielerberater], [Abruf 20.08.2011].

3.2 Auf persönlicher Ebene arbeiten

Einige Vermittler in dieser Branche versuchen so viele Profisportler wie möglich, gleichzeitig zu vertreten, um die Vermittlungsprovisionen zu „kassieren“. „Der Berater schaut nur auf die eigene Vermittlungsprovision, verspricht das Blaue vom Himmel, berät schlecht bei Verhandlungen oder dreht dem Sportler windige Kapitalanlagen an“, so Schmeilzl.[22] Die Devise sollte lauten „betreuen statt abzocken“, so Thomas Noack. „Bei vielen Spielern fehlt die Nachhaltigkeit in der Beratung, dass sie in der Tiefe nicht richtig betreut werden“ [...], sagt er. „Bei uns steht die sportliche Entwicklung der Spieler im Vordergrund, nicht der finanzielle Aspekt“, so Thomas Noack, DFB Lizenzierter Spielervermittler.[23]

Wie bereits in der Einführung dieser Studienarbeit erwähnt, sind die Tätigkeiten eines Spielerberaters vielseitig. Neben Rechtsbeistand, Arbeitsvermittler, Vermögensberater, Versicherungsagent, Dolmetscher, Lebensberater, bester Freund, Taufpate der Kinder und allzeitiger Chauffeur, zählt ein freundschaftliches Verhältnis zwischen Sportler und Vermittler. Auch Thomas Noack legt großen Wert auf eine persönliche Beziehung zu seinen Klienten. Er legt seinen Fokus eher auf ein intensives, reflektiertes und freundschaftliches Verhältnis zu seinen Spielern.[24] Im Idealfall basiert das Verhältnis zwischen Sportler und seinem Berater auf einer im gegenseitigen Vertrauen und Respekt aufgebauten Beziehung. Eine Zusammenarbeit, deren Grundstein die Freundschaft ist, hat auf lange Sicht für beide Parteien positive Auswirkungen.

4 Schlussbemerkung

Bei der Erfüllung ihrer Tätigkeiten und Aufgaben überschreiten Sportlerberater oftmals juristische Grenzbereiche während der Vertragsgestaltung und –Verhandlung. Für Berater ohne Anwaltszulassung basiert ihre Tätigkeit auf einer rechtlich unsicheren Grundlage, wenn sie mehr als nur Vermittlungsarbeit leisten. Aus den oben genannten Gründen ist für alle Beteiligten die Zuschaltung eines Anwalts bei vertraglichen Angelegenheiten von Vorteil. In der Praxis gilt dennoch weiterhin „jeder Berater ist nur so gut, wie seine Kontakte“, die er für

[22] Zeit-online (Hrsg) (2011): Strippenzieher für Sportlerkarrieren. (Verf. Markus Schleufe), Online: [http://www.zeit.de/karriere/beruf/2011-05/beruf-spielerberater], [Abruf 20.08.2011].e

[23] news.de (Hrsg) (2010): Spielervermittler, Mehr Freund als Berater. Online: [http://www.news.de/sport/855077250/eine-verrufene-branche-im-wandel/1/], [Abruf 20.08.2011].

[24] sed.

den betreuten Sportler nutzen kann. Daher wird nur derjenige Anwalt weiterhelfen, der sich einerseits im Sportrecht auskennt und andererseits auch über die erforderlichen Kontakte verfügt, welche für ein erfolgreiches Arbeiten ausschlaggebend sind. Schließlich ist eine praxistaugliche und längerfristige Zusammenarbeit erst möglich, wenn das Verhältnis zwischen Sportler/ Klient und seinem Berater einem „idealen Zustand“ näher kommt. Dieser wird durch ein persönliches, intensives, reflektiertes und freundschaftliches Verhältnis erreicht. Das Motto lautet: beraten und nicht abzocken.

5 Internetverzeichnis

Anwaltsblatt: Nachrichten für die Mitglieder des Deutschen Anwaltsvereins e.V. (Hrsg) (2010), Rechtliche Grenzen von Beratertätigkeiten im Sport. (Quelle: Fachhochschule für angewandtes Management, Kurs: Fallstudienseminar III, LE IV Der Sportler und sein Manager). [Abruf SS2011].

Deutscher Sportbund (Hrsg) (2003), Was dürfen Spielervermittler und Sportmanager? (Quelle: Quelle: Fachhochschule für angewandtes Management, Kurs: Fallstudienseminar III, LE IV Der Sportler und sein Manager). [Abruf SS2011].

Zeit-online.de (Hrsg) (2011), Strippenzieher für Sportlerkarrieren. (Online: http://www.zeit.de/karriere/beruf/2011-05/beruf-spielerberater). [Abruf 20.08.2011].

News.de (Hrsg) (2010), Spielervermittler; Mehr Freund als Berater. (Online: http://www.news.de/sport/855077250/eine-verrufene-branche-im-wandel/1/). [Abruf 20.08.2011].

Lightning Source UK Ltd.
Milton Keynes UK
UKHW050953100621
385271UK00007B/452

9 783668 295292